www.kidkiddos.com
Copyright©2015 by S.A.Publishing ©2017 by KidKiddos Books Ltd.
support@kidkiddos.com

All rights reserved. No part of this book may be reproduced in any form or by any electronic or mechanical means, including information storage and retrieval systems, without written permission from the publisher or author, except in the case of a reviewer, who may quote brief passages embodied in critical articles or in a review.

Tutti i diritti sono riservati. Nessuna parte di questa pubblicazione può essere riprodotta, memorizzata in sistemi di recupero o trasmessa in qualsiasi forma o attraverso qualsiasi mezzo elettronico, meccanico, mediante fotocopiatura, registrazione o altro, senza l'autorizzazione del possessore del copyright.
Second edition, 2019

Translated from English by Annalisa Langone
Traduzione dall'inglese a cura di Annalisa Langone

Library and Archives Canada Cataloguing in Publication
I Love to Share (Italian English Bilingual Edition)/ Shelley Admont
ISBN: 978-1-5259-1682-3 paperback
ISBN: 978-1-77268-598-5 hardcover
ISBN: 978-1-77268-342-4 eBook

Please note that the Italian and English versions of the story have been written to be as close as possible. However, in some cases they differ in order to accommodate nuances and fluidity of each language.

Per quelli che amo di più-S.A.
For those I love the most-S.A.

"Guarda quanti giocattoli nuovi ho", disse Jimmy, il piccolo coniglietto, guardando in giro per la stanza.

"Look at how many new toys I have," said Jimmy the little bunny, looking around the room.

La sua festa di compleanno era finita e la stanza era piena di regali.

His birthday party was over and the room was full of presents.

"Oh, Jimmy, la tua festa di compleanno è stata così divertente", disse il suo fratellino più grande.

"Oh, your birthday party was so fun, Jimmy," his middle brother said.

"Giochiamo", aggiunse il fratello maggiore. Prese la scatola più grande e disse: "C'è un treno enorme qui dentro!".

"Let's play," said his oldest brother. He took the largest box. "There's a huge train inside!"

*Improvvisamente, Jimmy saltò in piedi e afferrò la scatola. "Non toccarla! È il mio treno!", scoppiò a piangere. "Tutti questi regali sono **MIEI**!"*

Suddenly, Jimmy jumped to his feet and grabbed the box. "Don't touch it! It's my train!" he cried. "All these presents are **MINE!**"

"Ma, Jimmy", disse il fratello maggiore, "Giochiamo sempre insieme. Cosa ti è successo oggi?"

"But, Jimmy," said the oldest brother, "we always play together. What happened to you today?"

"Oggi è il MIO compleanno e questi sono i MIEI giocattoli", urlò Jimmy.

"Today is MY birthday. And these are MY toys," Jimmy screamed.

"Sarà meglio andare a giocare a pallacanestro", disse il fratello maggiore. Diede un'occhiata fuori dalla finestra. "Oggi il tempo è bello e soleggiato".

The oldest brother glanced out the window. "We better go play basketball," he said. "It's nice and sunny today."

I due fratellini coniglietto presero una palla e uscirono fuori. Jimmy rimase da solo nella sua stanza.

The two bunny brothers took a ball and went outside. Jimmy stayed in the room on his own.

"Sì!", esclamò. "Ora tutti i giocattoli sono per me! Posso fare tutto quello che voglio!".

"Yeah!" he exclaimed. "Now all the toys are for me!"

Prese una scatola grande e l'aprì felicemente. All'interno trovò una pista e un nuovo trenino colorato. Doveva solo unire i pezzi del binario.

He took a large box and opened it happily. Inside he found a rail trail and a new colorful train. He just needed to put the rail trail together.

"Oh, questi pezzi sono troppo piccoli!", disse tenendoli in mano. "Come posso unirli?".

"Oh, these pieces are too small!" he said, holding the rail trail parts. "How should I connect them together?"

In qualche modo costruì la pista ma era storta. Quando finalmente riuscì a metterci sopra il suo nuovo trenino colorato, quest'ultimo si bloccò sul binario.

Somehow he built the rail line, but it came out crooked. When he finally turned on his new colorful train, it got stuck on the track.

Jimmy si guardò intorno e vide un'altra scatola.

Jimmy looked around and spotted another box.

"Non c'è problema. Ho altri giocattoli nuovi", disse e prese un altro regalo. Dentro c'erano dei supereroi giocattolo.

"No worries. I have more new toys," he said and took another present. Inside there were superhero toys.

"Wow!", esclamò Jimmy. Iniziò a correre per tutta la stanza con i suoi nuovi supereroi giocattolo nelle mani.

"Wow!" exclaimed Jimmy. He started to run around the room with new superhero toys in his hands.

Presto si stancò e si annoiò. Aveva provato tutto. Aveva giocato con il suo orsacchiotto preferito e aveva anche aperto tutti i suoi regali, ma non era stato affatto divertente.

Soon he became tired and bored. He tried everything. He played with his favorite teddy bear and he even opened all his presents, but it was not fun at all.

Jimmy guardò attraverso la finestra e vide i suoi fratelli mentre giocavano felicemente con il loro pallone da pallacanestro. Il sole splendeva e loro ridevano e si divertivano.

Jimmy watched through the window and saw his brothers playing cheerfully with their basketball. The sun was shining brightly, and they were laughing and enjoying themselves.

"Come fanno a divertirsi così tanto? Hanno solo un pallone da pallacanestro!", disse Jimmy. "Tutti gli altri giocattoli sono qui con me".

"How are they having so much fun? They only have one basketball!" said Jimmy. "All the other toys are here with me."

A quel punto udì una strana voce.

Then he heard a strange voice.

"Loro CONDIVIDONO", disse.

"They SHARE," it said.

Jimmy guardò in giro nella stanza fissando il suo orsacchiotto sul letto. La voce veniva da lì.
Jimmy looked around the room, staring at his bed where his teddy bear sat. The voice came from *there*.

"Cosa?", sussurrò.
"What?" he whispered.

"Loro condividono", ripeté il suo orsacchiotto con un sorriso.
"They share," repeated his teddy bear with a smile.

Jimmy lo guardò stupito. Non avrebbe mai pensato che condividere potesse essere così divertente.
Jimmy looked at him amazed. He never thought that sharing could be fun.

Jimmy scosse la sua testa. "No… non mi piace condividere. Amo i miei giocattoli."
Me encantan mis juguetes.
Jimmy shook his head. "No…I don't like to share. I love my toys."

"Provaci", insistette il suo orsacchiotto. "Devi solo provare".

"Try it," insisted his teddy bear. "Just try it."

Nel frattempo cambiò il tempo. Delle nuvole grigie coprirono il cielo e grandi goccioloni cominciarono a venire giù.

Meanwhile the weather changed. Dark clouds covered the sky and large raindrops started falling to the ground.

Ridendo, i due fratelli corsero dentro casa.

Laughing, the two bunny brothers ran into the house.

"Oh, siete tutti bagnati", disse la mamma. "Andiamo a cambiare i vestiti e vi preparo una cioccolata calda."

"Oh, you're all wet," said Mom. "Go change your clothes and I'll make you hot chocolate."

*"Vieni, Jimmy, vuoi anche tu la cioccolata calda?",
gli chiese. Jimmy fece un cenno con la testa.*

"Come, Jimmy, do you want hot chocolate too?"
she asked. Jimmy nodded.

*La mamma aprì il frigorifero per afferrare il latte.
"Guarda, è rimasto un piccolo pezzo della tua
torta di compleanno".*

Mom opened the fridge to grab the milk. "Look,
there's a small piece of your birthday cake left,"
she said.

*Jimmy saltò sui suoi piedi e disse: "Sì, posso
averlo? Era così buona!".*

Jimmy jumped to his feet. "Yeah, can I have it? It
was so tasty!"

In quel momento i suoi fratelli entrarono in cucina.
At that moment, his brothers entered the kitchen.

"Hai detto torta?", chiese il fratello più grande.
"Did you say cake?" asked the middle brother.

"Ne vorrei un pezzo", aggiunse il fratello maggiore.
"I'd like a piece," added the oldest brother.

Nel frattempo arrivò anche il papà. "Questa è… la torta di compleanno?"
Their father followed them. "Is this a…birthday cake?"

La mamma sorrise delicatamente. "Ahh… a dire il vero è rimasto un pezzettino piccolissimo e siamo in cinque".
Mom smiled softly. "Ahh…there is actually a tiny little piece left. And there are five of us."

Jimmy guardò la sua amorevole famigliola e sentì un senso di calore al suo cuore. Sapeva cosa fare ed era giusto così.

Jimmy looked at his loving family and felt a warm feeling spread from his heart. He knew what he needed to do and it felt so good.

"Possiamo condividerlo", disse. "Taglialo in cinque pezzettini".

"We can share," he said. "Let's cut it into five pieces."

Tutti i membri della famiglia annuirono. Poi si misero seduti attorno al tavolo e si godettero tutti insieme un pezzettino di torta di compleanno e una cioccolata calda.

All the members of the bunny family nodded their heads. Then they sat around the table and everyone enjoyed a piece of birthday cake and a hot chocolate.

Jimmy guardò i loro volti sorridenti e pensò: Dopotutto ci si sente davvero molto bene quando si condivide.

Jimmy glanced at their smiling faces and thought, *Sharing can actually feel very nice after all.*

Quando finirono, la mamma andò da Jimmy, gli diede un grande abbraccio e disse "Buon compleanno, tesoro".

When they finished, Mom came to Jimmy and gave him a huge hug. "Happy birthday, honey," she said.

Anche i due fratelli più grandi e il padre gli andarono incontro e condivisero tutti insieme un abbraccio di famiglia.

The two older brothers and their dad gathered around them and shared the family hug.

"Buon compleanno, Jimmy", urlarono tutti insieme.

"Happy birthday, Jimmy," they screamed together.

Jimmy sorrise. "Volete giocare con i miei giocattoli?", chiese ai suoi fratelli. "Ho un trenino nuovo e dei nuovi supereroi".

Jimmy smiled. "Do you want to play with my toys?" he asked his brothers. "I have a new train and new superheroes."

"Sì! Andiamo a giocare!", urlarono i fratelli coniglietto.

"Yeah! Let's play!" shouted the bunny brothers.

Jimmy e i suoi fratelli costruirono insieme una pista perfetta. Il treno fischiava e correva veloce sui binari.

Together Jimmy and his brothers built a perfect rail trail. The train whistled and ran fast around the track.

Poi aprirono i regali e giocarono con tutti i giocattoli.

Then they opened the presents and played with all their toys.

Da quel momento in poi, Jimmy amò la condivisione. Disse anche che condividere è divertente!

From then on, Jimmy loved to share. He even said that sharing is fun!

www.ingramcontent.com/pod-product-compliance
Lightning Source LLC
Chambersburg PA
CBHW061132070526
44584CB00033B/4300